My Whelo's Tortillas

My Grandpa's Tortillas

5 Recipe Flavors Included

by Roberto Suarez

Archway Publishing books may be ordered through booksellers or by contacting:

Archway Publishing
1663 Liberty Drive
Bloomington, IN 47403
www.archwaypublishing.com
1 (888) 242-5904

Because of the dynamic nature of the Internet, any web addresses or links contained in this book may have changed since publication and may no longer be valid. The views expressed in this work are solely those of the author and do not necessarily reflect the views of the publisher, and the publisher hereby disclaims any responsibility for them.

Any people depicted in stock imagery provided by Getty Images are models, and such images are being used for illustrative purposes only.
Certain stock imagery © Getty Images.

ISBN: 978-1-4808-8051-1 (sc)
ISBN: 978-1-4808-8050-4 (e)

Library of Congress Control Number: 2019909035

Print information available on the last page.

Archway Publishing rev. date: 09/27/2019

My Wuelo's Tortillas

My Grandpa's Tortillas

by Roberto Suarez

Acknowledgements:

A very special thank you to the follwoing for their support:

Jessica Munoz

Tonia Ray

Rick Morgan

Rico Arreazola

Beginning in ca. 3970 several ears of maize were deposited in Bat Cave in southwestern New Mexico and with this event commenced the documented Mexican influence upon the United States.

THE MEXICAN HERITAGE OF AZTLAN
JACK D. FORBES

Empezando en circa 3970 varias mazorcas de maíz fueron depositadas en Bat Cave En el suroeste de Nuevo México, y con este evento comienza la influencia Mexicana documentada en los Estados Unidos.

El origen de la tortilla de harina es desconocido, aunque sabemos que han sido consumidas por más de 150 aos en el norte de Mexico, y el suroeste de Estados Unidos, y siguen siendo populares hasta el día de hoy.

The origin of flour tortillas is unknown; nonetheless we know that they have been consumed for over 150 years in Northern Mexico, and the U.S southwest. They continue to be popular to this day.

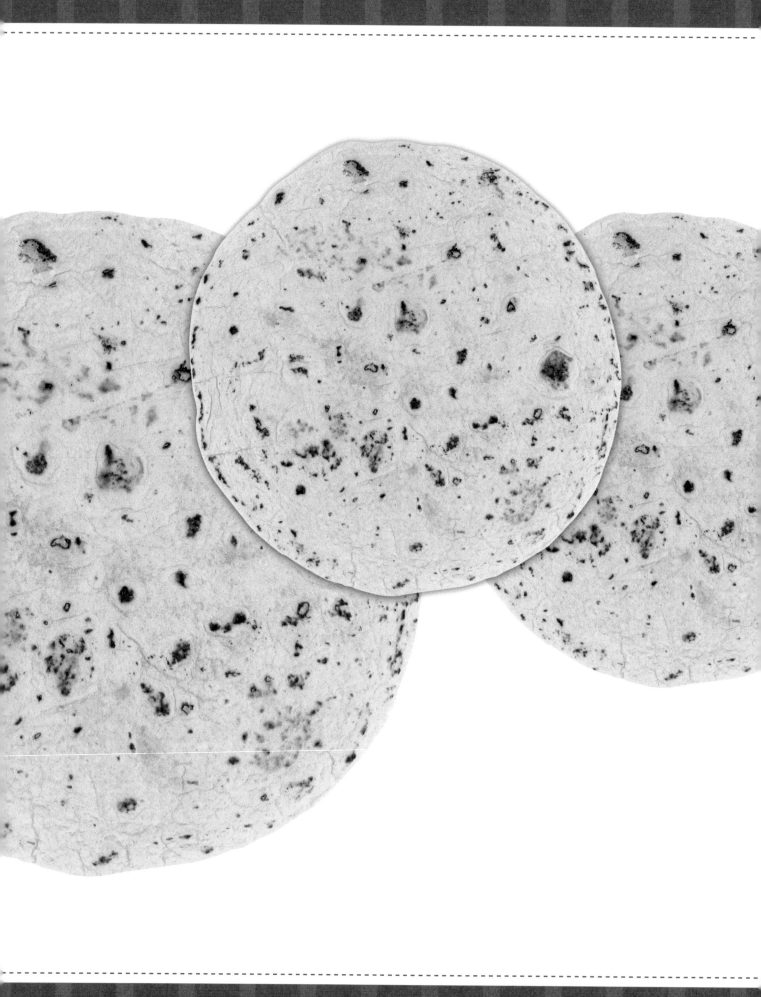

*O*nce upon time, young women would be more desirable for marriage if she knew how to make tortillas from scratch. Making tortillas has always been a job for the female of the house, although I must add, things have changed, since most of the Hispanic women have become Americanized.

Traditions and customs that once belonged solely to the women of the indigenous people have now been imposed upon the man as part of the equal-rights movement.

*T*iempo atrás, una mujer joven era más deseable para el matrimonio si sabía hacer tortillas. Hacer tortillas siempre ha sido un trabajo para la mujer de la casa, aunque debo añadir que las cosas han cambiado, ya que la mayoría de las mujeres hispanas se han Americanizado.

Tradición y costumbres que una vez perteneció únicamente a las mujeres de los pueblos indígenas, ahora se le han impuesto al hombre, como parte del movimiento por la igualdad de derechos.

Growing up in Texas during the fifties, in a household of eight girls, you could hear both y mom, and pop, telling the girls that making good tortillas would ensure that they would have a happy marriage.

It used to be that those who trained their daughters to become good tortilla makers had a good chance of marrying their daughters off a lot easier than those that didn't.

Tortillas used to be the glue that tied families together. People either bragged about them or put somebody down because they could not make them like their moms, aunts, or grandmothers. You hardly ever heard a man making them. I think that was my father's way of sharing his feminine side with us.

Creciendo en Texas durante los años cincuenta, en un hogar de ocho mujeres, solía escuchar a mi madre y padre decirles a sus hijas que aprender a hacer tortillas aseguraría que tuvieran un matrimonio feliz.

Solía suceder ser que aquellos que formaban a sus hijas para convertirse en buenas fabricantes de tortillas, tenían más posibilidades de casar a sus hijas mucho más fácilmente que aquellos que no lo hicieran.

Las tortillas solían ser el adhesivo que unía a las familias.

La gente se jactaba de ellas o culpaba a alguien porque no podían hacerlas como las sus madres, tías, o abuelas. Casi nunca has oído hablar de un hombre que las hiciera. Creo que fue la forma en que mi padre compartió su lado femenino con nosotros.

A tortilla connoisseur expects the tortilla to fluff up with a nice aroma of well-mixed ingredients that lets out a favorable, appetizing smell. This is also indicative that it has enough moisture and enough shortening, and the griddle is at the right temperature or whatever you are cooking them on. The tortillas should be pliable and fold easily to accommodate any and all ingredients one should find fit to put inside. It should be able to be folded, rolled, or cut into small pieces to be used to scoop up whatever food is on a plate. While some people like their tortillas well cooked, as a rule, it should be fluffy and soft.

Un experto en tortilla espera que la tortilla se esponje con un agradable olor de ingredientes bien mezclados que deja un aroma favorable y apetitoso. Esto también indica de que tiene suficiente humedad y suficiente manteca, y el comal esta a la temperatura adecuada o lo que sea en que las este cocinando. Las tortillas deben ser flexibles y doblarse fácilmente para acomodar todos los ingredientes que se consideran adecuados para poner dentro. Se debe poder doblar, enrollar o cortar en trozos pequeños para usar para recoger cualquier alimento que se encuentre en un plato. Si bien a algunas personas les gusta que sus tortillas estén bien cocidas y, a veces cocidas para que sean duras, como regla general, deben ser esponjosas y suaves.

When my Father passed away, I knew I was going to miss the relationship. When it came time for him to leave, we did some bonding. We had great times laughing like teenagers; giggling about the absurdities of life . Those were awesome times together toward the end of his life. He loved to laugh—I will miss that, but most of all, I was also going to miss his tortillas. That was to become the best inheritance I was glad to have gotten from him. He taught me how to make tortillas when I got back from Nam, but try as I may, I could never come close to make them like his. Tortillas was the main foods we, the Mexican Americans, missed when we were overseas. Three days after he made his, you could warm them up, and they tasted like they had been made that day; they were incredibly good. "*Si le pones suficiente manteca y agua, te salen bien; el agua es pa' que estén blanditas, y pa' que estén porosas y se esponjen se les pone manteca.*"

He emphasized the importance of enough water for moisture and the shortening for making them soft and fluffy.

Cuando mi padre falleció, supe que iba a extrañar la relación. Antes que se fuera nos unimos mas. Nos divertíamos mucho riéndonos como adolescentes cuando reíamos de una absurdidad u otra. Esos fueron momentos increíbles juntos, hacia el final de su vida. Le encantaba reír, voy a extrañar eso, pero sobre todo, también extrañare sus tortillas. Eso se convertiría en la mejor herencia que estaba yo contento de haber recibido. El me enseño como hacerlas cuando volví de Vietnam, pero por más que lo intente, nunca pude hacerlas como las suyas.

Ese era el principal alimento que nosotros, los mexicano-americanos, extrañamos cuando estábamos afuera del país.

Tres días después de que él hacia sus tortillas, podía calentarlas, y sabían como si hubieran sido hechos ese día.

¡Eran increíblemente buenas!

"Si le pones suficiente manteca y agua, te salen bien; el agua es pa' que estén blanditas, y pa' que estén porosas y se esponjen se les pone manteca."

Puso énfasis de la importancia de ponerle suficiente agua para hacerlas suaves y esponjosas.

Something that is important to me is the relationship that I have with my Grandchildren. Every time that I visit them, as soon as I walk in their door, they ask me:

"*Wehlo*, can we make tortillas today?" "Or can we make them tomorrow? Please, please?"

And of course, I wanted to share that with them as much as possible.

I wouldn't even correct them for saying "abuelo" incorrectly. (Which means Grandpa) I just wanted to enjoy what time we had together. Sometimes we had all day, other times we had to cut our visit short. Overall, making tortillas has given me the opportunity to share what I have learned from my father and pass it down to other generations. It has served as a way to bring our family closer together and reminisce of the past good memories.

Algo que es importante para mí, es la relación que tengo con mis nietos. Cada vez que los visito, tan pronto como entro en su puerta, me preguntan:

¿Wehlo podemos hacer tortillas hoy?"

"¿O tal vez mañana, por favor, por favor?"

Y, por supuesto, quería compartir eso con ellos lo fuera posible. Ni siquiera los corregiría por decir "abuelo" incorrectamente. Solo quería disfrutar del tiempo que teníamos juntos. Algunas veces tuvimos todo el día, otras tuvimos que acortar nuestra visita. En general, hacer tortillas me he dado la oportunidad de compartir lo que he aprendido de mi padre, y compartirlo a otras generaciones. Ha servido como una forma de acercar a nuestra familia y recordar los buenos recuerdos del pasado.

I had problems with kneading of the dough to make it like his with enough moisture so that they would turn out right- it took me awhile to get it right.

I wanted to learn how to make them, afraid that that tradition might be lost like so many other things throughout the years.

The family visits on weekends were disappearing; white bread was replacing tortillas, chicken soups in place of menudo.

Tortillas have been around as far back as nine thousand years ago. The Mayans and Aztecs used them as their main staple. They were first made of corn; and when the Europeans came over and brought the wheat, they began to make them out of wheat as well.

Tuve problemas con la masa para que me saliera como la de él, con suficiente humedad – me tomo tiempo lograrlo.

Quería aprender cómo hacerlas, temiendo que la tradición se perdiera como muchas otras cosas en nuestra cultura a través de los años.

Las visitas familiares los fines de semana estaban desapareciendo; el pan blanco reemplazaba las tortillas, las sopas de pollo en lugar del menudo, etc. Las tortillas han existido desde hace nueve mil años. Los mayas y los aztecas los usaron como su principal alimento básico. Primero fueron hechos de maíz; y cuando los europeos vinieron y trajeron trigo, las tortillas comenzaron a ser también de trigo.

Tortillas have become one of the fastest and most recognizable staples in the food industry in the last few decades that I'd ventured to say that it is as popular as other breads. In the year 2000 alone, there were approximately four billion dollars worth of tortillas sold in the USA. According to an article in the *Texas Monthly Magazine*, it says that ninety-one billion flour and corn tortillas were sold in the USA, and that is not counting the chips you get as appetizers with salsa. Most people will argue that *Tejanos* have some of the best hand-rolled fresh-out-of-the-comal tortillas.

Las tortillas se han convertido en uno de los alimentos básicos más rápidos y reconocibles en la industria alimenticia en las últimas décadas, me atrevería a decir que son tan populares como otros panes. Tan solo en el año 2000, se vendieron aproximadamente 4 mil millones de dólares en tortillas en los EEUU. Según un artículo en la revista Texas Monthly, dice que se vendieron 91 mil billones de tortillas de harina y maíz en los EEUU, y eso es sin contar los totopos de maíz que uno recibe como bocadillo con salsa. La mayoría de la gente en Tejas argumentara que los Tejanos tienen algunas de las mejores tortillas hechas a mano, frescas, y recién hecho de comal.

I will share all my recipes for tortillas, since *tortillas* have become so popular through the USA along with the Mexican Foods and restaurant nowadays. A friend of mine that came back from Germany told me that there was a growing interest in Mexican food in Germany and England, which I thought was outstanding for our culture. I started experimenting with a variety of wheat flours brands and tried making them from scratch at the beginning, but then I decided that I wanted a different taste to make mine a little different than the rest and maybe something in a quicker way. I came across self-rising flour that contains baking soda, which is what you make biscuits with and decided that I would try it. I liked it so well I have been using it since the '80s.

Una receta con el corazon

Compartiré todas mis recetas de tortillas, ya que las tortillas se han vuelto tan populares en los Estados Unidos junto con todos los restaurantes y comidas Mexicanas en la actualidad. Un amigo mío que regreso de Alemania me dijo que había un interés creciente en la comida Mexicana en Alemania y en Inglaterra, lo cual me pareció sobresaliente para nuestra cultura. Comencé a experimentar con una variedad de marcas de harina de trigo e intente hacerlas recién hechas, pero luego decidí que quería un sabor diferente para separar el mío del resto y también hacerlo de una manera más rápida. Me encontré con la harina con levadura que contiene bicarbonato de sodio, que es con lo que se hacen los bizcochos y decidí probarlo. Me gusto tanto que lo he usado desde la década de 1980.

In a plastic Corningware, stainless steel or plain aluminum, one gallon mixing bowl, deep dish, or whatever your preference might be, put all your dry ingredients. While you are mixing the flour, you can put the griddle, skillet, or an actual *comal* (cast iron flat griddle from old wood burning stoves) on the burner to heat up. It will vary from an electric to gas stove, but I would say medium heat should be enough.

- 6 cups of Self-Rising Flour
- ½ cup vegetable shortening
- 1½ cup warm water

Optional: (add in flavoring of your choice; i.e. bacon bits, butter, cheese, jalapeños, or any combination of all those ingredients)

Add the shortening to the dry flour first, and use your hands or a pastry blender, whatever is easier for you. I personally like the feel of the dough while I am blending and mixing it with my bare hands, to make sure it has the correct consistency.

We had lard in the olden days because we couldn't afford anything else; remember these are new times, and you can use any kind of flour or oils you prefer.

Por lo tanto, en un Corningware de plástico, una bandeja de acero inoxidable, de aluminio de un galón, o un plato hondo, cualquiera que sea su preferencia, coloque todos los ingredientes secos. Mientras mezclas la harina, puedes poner la plancha, un sartén, o un verdadero comal en el quemador para calentar. Va a variar de una estufa eléctrica a una de gas, pero yo diría que el calor medio debería ser suficiente.

- 6 tazas de Harina con bicarbonato
- ½ taza de Manteca vegetal
- 1 ½ tazas de agua tibia

Opcional: (agregue el saborizante de su elección, por ejemplo, trocitos de tocino, mantequilla, queso, jalapeños o cualquier combinación de todos estos ingredientes)

Agregue la Manteca a la harina seca primero, use sus manos o una licuadora de pastelería, lo que sea más fácil para usted. Personalmente, me gusta la sensación de la masa mientras la mezclo con mis propias manos, para asegurarme que la masa tenga la consistencia correcta.

Tuvimos Manteca de puerco en los viejos tiempos porque no podíamos comprar otra cosa; Ahora, estos son tiempos nuevos, y puedes usar cualquier tipo de harina o aceite que prefieras.

It will take a good few minutes to mix the dry flour with the shortening, so don't rush it; this part is essential for the outcome of the dough. Take the lukewarm water, with the flavoring that you chose, or plain warm water. The water is added gradually, so the consistency for the actual tortilla dough will be able to roll out. After you have poured the water slowly into the mixed dry flour and shortening, you check for moisture by taking your index finger and poking the ball of dough. If your finger does not have any dough sticking to it when you pull it out; you have enough moisture and shortening. This is an "old Indian trick" my father tried to teach me so that I could gauge the consistency, texture, and smoothness of the dough.

Tomare unos minutos en mezclar la harina seca con la manteca, así que no se apresure, esta parte es esencial para el resultado de la masa. Tome el agua tibia, con el sabor que elija, o simplemente agua tibia. El agua se agrega gradualmente, de modo que la consistencia de la masa sea adecuada para extenderla. Después de haber agregado el agua lentamente en la mezcla de harina seca y manteca vegetal, verifique la humedad tomando tu dedo índice y metiéndolo en una bola de masa. Si tu dedo no tiene ninguna masa adherida cuando lo saca; tienes suficiente. Este es un "viejo truco de indio", que mi padre me enseño para poder medir la consistencia, la textura y la suavidad de la masa.

The dough needs to be kneaded till it is smooth, and then let it set for about fifteen to twenty minutes, covered with a cloth or towel to let it rise before making the balls of dough, which should be two inches round. Cover them as well with a cloth to preserve their moisture while they are setting. After you have let the dough set for a few minutes, you then take a small piece of dough and ball them up one at a time. This process has to do with the size of the tortilla after you have rolled them out. I'd say you can start with two to three ounces of dough, and then if you want them smaller or larger, it will be left up to your discretion.

A baker friend of mine taught me how to make the balls by taking the small pieces of dough and cup under the palm of each hand and roll them in circular motion while you press and cup until you smooth the dough and form a small ball.

Take the ball between your hands, and press down on it to create a ½ an inch disk.

I stack mine on top of each other, after I flattened the ball of dough, to keep the moisture and keep some sort of order.

La masa debe ser amasada hasta que esté suave, luego déjela reposar de 15 a 20 minutos cubierta con un paño o una toalla para que se esponje antes de hacer los testales de masa, que deben de ser de dos pulgadas de diámetro. Cúbralos también con un paño para preservar su humedad mientras están reposando. Después de dejar reposar la masa durante unos minutos, tome una porción de masa pequeña para hacer los testales. Este proceso tiene que ver con el tamaño de la tortilla después de haberla desplegado. Diría que puede comenzar con 2 o 3 onzas de masa y luego, si las quiere más pequeñas o más grandes, se deja a su criterio.

Un panadero, amigo mío, me enseño a hacer las bolas de masa usando las manos y el parte debajo de la palma, las rodaba en círculos mientras presionaba la palma para formar pequeñas bolas de masa. Presione la bola de masa entre las palas de su mano hasta crear un disco de ½ pulgada.

Pongo los testales uno encima del otro, después de hacer los testales de masa, para mantener la humedad y mantener algún tipo de orden.

If the weather is too hot, you can put a damp towel to avoid dryness to the dough. I take the last ball and roll them out first, working my way back to the first one I made. Rolling them out is another thing, altogether different and difficult to teach because this is where you need practice or experience. After you have managed to roll one, somehow round, and cooked a few, you can try them with scramble eggs, with ham or bacon, preferably some meat that is not too fat, refried beans with olive oil, canola, or something healthy. The other meals are *tacos*, *fideo con carne molida* (vermicelli with hamburger meat), *carne guisada* (beef tips with brown gravy), *calabaza con pollo* (chicken with squash), and the *tortillas* serves as a staple (the American white or wheat bread) typical of any Mexican American families. The pinto beans are another very essential food to make everything balance in its taste.

Si hace demasiado calor, puede poner una toalla húmeda sobre la masa para evitar que se seque la masa. Tomo la ultima testales y lo pongo en primer lugar, trabajando en reversa al primero que hice. Extenderlas, es completamente diferente y difícil de enseñar. Porque aquí es donde todos necesitaran paciencia y practica para obtener la experiencia. Después de que hayas logrado extender una, casi redonda, y después de cocinar algunas, puedes probarlas con huevos revueltos, jamón, tocino, preferiblemente con carne que no sea demasiado grasoso, frijoles refritos con aceite de oliva, canola, o algo saludable. Las otras comidas son tacos, fideo con carne molida, carne guisada, Calabaza con pollo, y la tortilla sirve como el alimento básico, y típico de cualquier familia Mexicana-Americana. Los frijoles pintos son otro alimento muy esencial para equilibrar todo en sabor.

Universally where there are children present, they are active participants in tortilla- making. Children love to play with the dough in their hands. They pull on it, squeeze it, roll it, and generally press it into irregular shapes, which are cooked for them. Children love to eat the tortillas that they pressed themselves.

I encourage my grandchild to use cookie cutters to cut the dough into their favorite figures.

Universalmente donde hay niños presentes, ellos son activos participantes al hacer tortillas. A los niños les encanta jugar con la masa en sus manos. La estiran, la aprietan, la enrollan, y generalmente extendidas en formas irregulares, que son cocinadas para ellos. A los niños les encanta comer las tortillas que ellos extendieron.

Yo animo a mis nietos a utilizar un cortador de galletas para que hagan sus figuras favoritas.

Enjoy!
¡Buen Provecho!

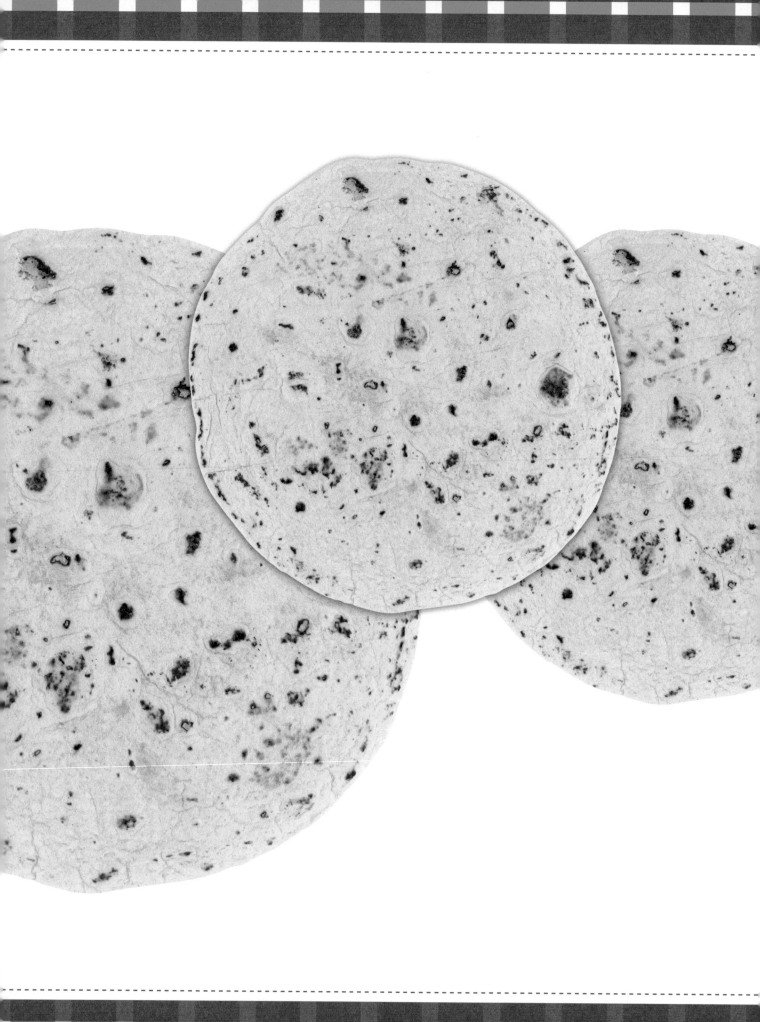

My Grandpa's Tortillas

- 6 cups self-rising flour
- ½ cup shortening
- 1½ cups warm water

Add shortening to the flour using your hands or a pastry blender. Add the water gradually, kneading unitl smooth. You want the consistency to be where you can roll the dough into a ball without having the dough stick to your fingers. Let it stand for 15-20 minutes, covering with a towel. Then, pinch off a small portion of the dough into your hand (about the size of a golf ball). This will make a tortilla that is about 6 inches round. You can easily make them smaller or larger. Press the ball of dough into a flat disk. Use a rolling pin or flatten each tortilla to your desired thickness. Place each tortilla in a skillet or griddle at medium heat. Practice makes perfect here! Cook on each side until brown marks occur on the tortilla.

Add one or more of the following ingredients to the recipe for mor options.

- 1 cup of bacon bits
- ½ cup crushed jalapeños
- 1 cup of butter (instead of the shortening)
- 1 cup of your favorite shredded cheese

Or

- Use 3 cups of cornmeal and 3 cups of flour to turn it into a corn tortilla.

Printed in the United States
By Bookmasters